Hans Tönjes Redenius
Rochusberger Verse II

Hans Tönjes Redenius

Rochusberger Verse II

Geborgenheit, Glaube
Ironisches und Wahres

Bingen Rochusberg im Juni 2002
1. Auflage 2002

© Alle Rechte bei Hans Tönjes Redenius
ISBN 3-8311-3657-2

Fotos: Gesa Bartholomae, Kiel
Joseph Krasenbrink, Bingen
Umschlag: ROPO, Köln
Layout: Verlagsservice Monika Rohde, Leipzig
Herstellung und Druck: BoD, Hamburg

gewidmet
Antonia und Vincent

INHALT

Er hat nicht aufgehört zu singen und Lieder zu schreiben.
Er hat sich ernst genommen und auf Hoffnung gesetzt.
Seine Lyrik verdichtet die wichtigsten Erfahrungen des Lebens:
Glaube, Liebe, Hoffnung
und die Überwindung des Todes wenigstens im Geist.
Seine Verse sind Sehnsucht nach Leben und darüber hinaus!
Michele Vivaldini, Rom 2002

St. Rochuskapelle Bingen

SENTENZ

„Zum Sehen geboren, zum Schauen bestellt* ?"
Wo ist, der sich daran noch hält?
(*Goethe, Faust II)

ABRISS

Ein Mann nicht jung nicht alt, eh'r in der Mitten
beklagt sehr oft die schlechten Sitten
von Kindern und von Jugendlichen,
die meist' das Leben sich erschlichen.

Er – so sagt er's gern und oft –
war abends immer schon geschafft,
weil früh als Kind er hart malochte
und Geschwistern noch die Suppe kochte.

Faul und träge wär'n sie doch
und ließen sich bedienen noch
„von hinten und von vorn", wie man so sagt,
stellt fest er 's jeden Tag und klagt,
daß obendrein nur Spaß sie wollten
und vor Arbeit gern sich trollten.

O je, wohin soll das nur führen,
wenn junge Menschen sich nicht rühren?

– – –

Oder irrt vielleicht der Mann,
der neidisch sieht, was man heut' kann?
Möglich auch, daß seine Gen'ration
vom Leben längst ist abgerissen schon.

ABSCHIED

Ein Weh liegt über jeden Abschied;
doch wohnt in ihm der Hoffnung Lied.

*

Abschied ist das Kreuz des Schicksals
und Hinweis eines höher'n Grals.

*

Drum schau zurück nur einen Augenblick
und such dir schnell ein neues Glück!

*

Erinnern – ja! – gehört zum Neubeginn;
denn Zukunft kennt den wahren Sinn!

*

Selbst wenn Abschied trägt den Namen Tod,
gibt es die Wege hin zu Gott!

*

Drum webt im Abschied ja die Hoffnung noch,
daß Trost erwacht im Lebensjoch.

ABSTIEG

Erfolg gleicht warmer Sonne aus der Höhe.
Man hat's geschafft – nimmt gnädig Huldigung entgegen.
Höher geht es nicht. Es sei denn, man entflöhe
und suche überirdisch and'ren Segen.

Kann nun verbleiben man da oben
sich sonnen immerwährend?
Oder drücken neidisch' Kräfte – meist' die groben
dich nach unten – hin und wieder gar betörend?

Zwei Wege sind's nach unten, die man gehen kann;
der eine zeigt die Schwäche der Person,
der and're Stärke, die die Freiheit einst ersann.
Nur diese schenkt den hehren Lohn.

Der aber heißt schlicht Kreativität;
kaum zu begreifen, aber man versteht:
es ist der Weg – der Minorität,
die Freiheit will und dann auch geht.

ALTERN II

Stand eben er noch voll im Haar,
erkennt er nun, daß einst das war.
Schütter ist's und grau geworden,
als sei es bange vor dem Morgen.

Obwohl sein Gang recht flott noch schien,
zwickt es längst ihm in den Knien;
und oben nach dem Treppensteigen
sucht er verstört den Grund der Leiden.

In der Frühe nach dem Träumen,
wenn nächtlich Geister sich aufbäumen,
schmerzt schon bei dem ersten Bücken
Genick und schlimmer noch der Rücken.

Auch Falten schon und Runzeln im Gesicht
und in den Zehen zieht die Gicht.
Welch' Botschaft will der Leib ihm sagen
oder bitter etwa sich beklagen?

Er weiß, nun ist es höchste Zeit,
dem Altern schenken Wachsamkeit.
Doch das ist schwer, unendlich schwer,
verdammt – die Eitelkeit stellt sich noch quer!

BAUM I

Im morgendlichen Nebel hinter Zäunen
lebt hundert Jahr er zwischen ander'n Bäumen.
Als wollt' er unsichtbar noch bleiben,
hält fest sein knorriges Geäst den feuchten Nebelreigen.

In des Nebels Dunstgewölbe
scheint er nie als einer und derselbe.
Unter seinem mächt'gen Blätterdach
streiten Eichhörn sich um 's Nüssefach.

Doch schon beim ersten Sonnenlachen
erlahmt sein durstig' Morgenwachen.
Den Nebel, dessen Feucht' ihm war willkommen,
läßt zieh'n er jetzt, um selbst zu sonnen.

Reckt eben er bizarr und riesenhaft
die schweren Arme in des Dunstes Macht,
zeigt jetzt er unter warmer Sonne borkige Konturen
gleich poetisch wohl sortierten Astfiguren!

Jahr um Jahr behauptet er sich unbefangen,
auch wenn harte Wetter sich im Laub verhangen.
Wachem Geist erweckt er zaubervollste Phantasie
und mancher beugt in Ehrfurcht seine Knie.

BAUM II

Du grüntest wohl schon viele Jahr',
als ich noch ungeboren war;
du trugst des Laubes grüne Pracht,
als mich umfing noch dunkle Nacht.

Warst mir in ersten Kinderträumen
der allergrößte von den Bäumen
und überschattetest die Welt,
in die man mich hineingestellt.

Inzwischen bin ich alt geworden,
erlebte Krieg und Völkermorden.
Mein Kinderland mit Busch und Baum
ist ferner mir als mancher Traum.

Sollt' mein Geschick sich doch noch wenden
und mir dazu noch Hoffnung spenden,
geht mein Trachten und mein Sinnen
zu dir mein Baum, um Zukunft zu gewinnen.

BEGEGNUNG

Einsam zog ich meine Straße,
wartete auf Menschen, die mich lieben.
Meine Seel' war wach in hohem Maße,
obwohl manch' Böse mich ins Abseits trieben.
Da kommt – der Zufall wollt 's – ein alter Freund
mir fröhlich, sonnenhell entgegen.

Er überschwenglich sich erinnernd meint:
„Dich zu treffen, ist mir sehr gelegen,
– hm –
doch leider muß sofort ich weiter;
– hm –
bleib' fröhlich Freund und immer heiter!"
Erst hört' ich's kaum, empfand nur tiefes Glück,
bis er sich wendet, lacht und sagt: „Ich ruf zurück!"

BESTIMMUNG

Man sagt, ich wär' einer von denen,
die für's Geld nicht den richtigen Sinn.
Ich könnte mich niemals bequemen,
weil ich so leichtsinnig bin.

Die Werte von Euro und Noten,
von Kurs und von Börsenpapier,
die mir so geh'n durch die Pfoten,
zu sammeln als Notelexier.

Ja, – liebe Herren und Damen,
oder woher der Vorwurf auch kommt,
das macht der umspannende Rahmen,
darin solche Tugend nicht sonnt.

Wär' ich im Kloster erzogen
oder der Rothschild mein Freund,
hätt' ich Bilanzen gezogen
und meinen Leichtsinn gezäumt.

Doch so ist's keines von beiden –
die Götter wissen warum.
Drum laßt mir mein Freud und mein Leiden
und nehmt mir den Leichtsinn nicht krumm.

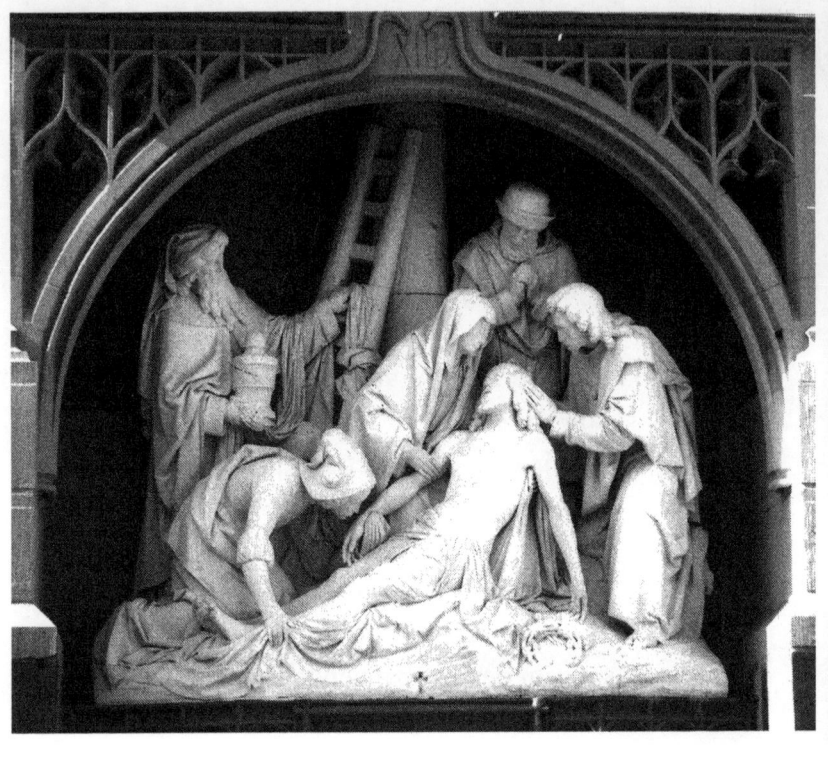

BLEIBEN

Bleiben oder Auferstehen ist der Menschheit ältster Traum,
wenn schon nicht in irdischen Äonen,
dann wenigstens in des Erinnerns Raum
möchten sie in Stolz und Ehre immer bleibend, ewig wohnen.

So sucht der Mensch sich neu zu schaffen
in Pyramiden, triumphal im Götterbogen,
sucht zu bleiben in des Ganges scharfer Waffen,
kämpft gar gegen Meereswogen.

Weltenlenker wenigstens auf Erden ist sein Ziel,
und der Geschichte Glorienschein
soll ihn erheben im Despotenstil
zu des Doms Reliquienschrein.

Einst stürzte ein der Turm zu Babel.
Die Menschen wollten Gottes Thron
im Größenwahn, sie sei'n des Kosmos Nabel.
Bleiben – ja – und aufersteh'n
kann man nur durch Gottes Sohn.

BLINDSICHT

Kariertes Hemd und Knickerbocker,
so schelmisch saß sie auf dem Küchenhocker.
Bei Mutter gab es Tee und Plätzchen,
zwischendurch von ihr ein Küßchen.

Nicht lange währte dieses Spiel,
bis meinem Herzen sie gefiel.
Ohne Zögern – abends noch tat ich es wagen,
sie um ihre Hand zu fragen.

Ja, sagt sie, und voller Überschwang
ließ gleich sie mich in ihr Gewand.
Ich fühlte warm die zarte Brust
und war entbrannt in Fleischeslust.

Kein Hind'rungsgrund fiel uns mehr ein,
wir wollten stets zusammensein.
So folgte bald dem Liebeswagnis
die Segnung nach dem Eingeständnis.

Doch nach wenig Jahren kam die Ahnung:
zu schnell geriet die Lebensplanung!
Statt leidenschaftlich' Dauerküssen
hätten Alltag wir probieren müssen.

Eigentlich war Trennung schnell herbeizuführen,
doch erlagen wir moralischen Allüren.
Nicht mehr sonnen in des Lebens Schoße,
uns zog zu sich nun die Katastrophe.

Halten, Klammern wollten wir die Liebe,
als ob sie zur Verfügung bliebe.
Wir wollten dauern mit Gewalt
und baten gar um göttlichen Erhalt.

Bald wußten wir, daß Liebe flieht,
wer sich der Wirklichkeit entzieht.
So stellt' auch bald sich Kranksein ein
und beiderseitig Seelenpein.

Als Wahrheit ins Gesicht uns sieht,
war leider es schon viel zu spät.
Des Lebens unbegreifliche Gesetze
bereiten nun dem Dasein düst're Plätze.

Auf Ungemach und Todesschrecken
bleibt nur die Wunden leidlich lecken;
und in Geduld erhoffen ein Ergehen
zwischen Chance und Auferstehen.

DASEIN

Ich lebe – das scheint keine Frage -
zufrieden und hab' manchmal Plage.
Oft stell ich fest – ich will's so auch,
sei's Angst vor'm Tod, vielleicht auch Brauch.

Doch dann drängt sich die Frage auf:
wozu leb ich – wohin soll es hinauf?
Wem ist es wichtig, daß ich bin,
ist Dasein schon des Lebens Sinn?

Laßt einfach nüchtern sein mich jetzt,
denn sterbe ich – fragt man entsetzt,
wieso – hat er wirklich schon das Alter?
Aber ja doch! –

Trotzdem – ich bleib Frühlingsfalter!

FLÜCHTIG

Flüchtig ist der Hauch des Windes,
der unsichtbar – doch spürbar ist.
Verloren ist das sanfte Lächeln eines Kindes,
das Hoffnung gibt, dir manchmal sagt, daß du noch bist.

Flüchtig ist das zarte Band der ersten Liebe,
weil mangels Festigkeit es schnell zerreißt.
Schwindend ist das Wohlgefühl der wilden Triebe,
weil Leidenschaft in Lebensjahren auch verwaist!

Flüchtig, kurz, ja gleich der Dauer der Vergänglichkeit
bleibt der Erfolg der Hand, der Seele und des Geistes Kraft.
Sogar die Hoffnung – auch auf irdisch' Seligkeit -
erstickt zumeist im eignen Lebenssaft.

Flüchtig ist das Leben selbst, total und insgesamt
bedroht! – vom Tod erlauscht schon in den ersten Wehen.
Der Mensch hat dieses Rätsel längst erkannt:
das Paradoxe ist ein Wink von höherem Ersehen!

FREIHEIT

Wer Freiheit will und sie erfahren,
muß vieles wohl sich dann versagen:
nämlich des Daseins Süßigkeiten,
die dunkle Kräfte ihm bereiten.

*

Macht von Mensch zu Mensch sind hier gemeint,
die viel zerstört und nicht vereint.

*

Auch Reben- und der Hopfensaft
entfalten manchmal eig'ne Kraft.

*

So hat man Freiheit bald verloren,
statt Leben sich den Tod erkoren.

FRÜHE

Blasses Licht lastet schwer auf grünem Wasser,
Nebelschwaden bergen Geister blasser.
Schwerelos und ohne Zeit
hemmen sie des Morgens Heiterkeit.

Doch nun reißt der satte Vorhang grauer Wolken
und die Dünste, die durch's Dunkel rollten.
Sonnenhell drängt jetzt hervor das gold'ne Licht,
zu verjagen jene Geister, die sich scheuen, wenn der Tag
anbricht.

FRÜHLING I

Der leuchtend weiße Gletscher wird nun grau.
Sein Winterkleid floß fort – was bleibt ist schroff und rauh.
Die Sonn', die ihn nach Eisesnächten sanft gestreichelt,
zwang ihn zu tauen, daß er meißelt
nun mit Wasser – gleich dem Bildner – neue Felskonturen,
Höhlen spült und Märfiguren.

Immer weiter – tief hinunter stürzt das Wasser,
schneidet Schluchten unbarmherzig – stetig krasser,
bis in der Ebene es schwillt zum Strom,
an dessen Ufern gelbe – Weiden blühen schon.

Nur die Menschen blicken voller Sorgen,
ob das Wasser bleibt in seinem Bett auch morgen.

Bunte Vögel flattern mit dem Flügel.
Sie scher'n sich nicht um Wasserpegel.
Ihr Rufen, Flöten, Zilpen, Singen
bringt neu die blaue Luft zum klingen.
Trotz Sein zum Tode – Mensch und Tier
beherrscht im Frühling Lebensgier!

FRÜHLING II

Tag um Tag nur feuchte Winterkälte.
„Nimmt das gar kein Ende?",
lautet dann der Menschen Schelte.
„Wann endlich kommt die Frühjahrswende,
wann hört auf der Frost und Rheumapein?"
Obwohl die Tage nun schon länger,
bleibt's im Herzen dunkel, gleich der Krum am Feldesrain.
Aller Augen schauen traurig – bang und bänger.
Ein matter Has' mit nassem Fell sucht Rüben.
Auf dem Zaunpfahl hocken hungrig Raben,
um im scharfen Sehen sich zu üben.
Da! – oben hoch im kalten Dunste ragen
drohend Wolkentürme,
zu entfachen Wetterstürme.
Schon kracht es laut und Donner rollt
mit Macht und infernalischem Diskant,
als hätten ärgerlich die Götter selbst gegrollt,
weil der Hetären Unverstand
vergaß den Lenz im kalten Land.

FRÜHLING III

Der Kosmos öffnet mit dem Licht der Sonne
der Wetter warme Macht,
die dem Lenz jetzt gibt die göttlich' Kraft,
in Faun' und Flora anzufachen Frühlingswonne.

An Baum und Strauch brechen Knospen auf um Knospen,
der Blumen Kelche schütten Farben auf die Flur,
gleich Fortunas Füllhorn – sanftes Blau und Rotpurpur,
dazwischen golden die Narzissen und die gelben
Frühlingsrispen.

Frühling nimmt Besitz von allen Wesen.
Auch der Mensch spürt, sein Geheimnis sticht.
Ob klein, ob jung, ob alt und voller Gicht,
des Lebens Krug war nicht gefüllt gewesen.

Jeder gibt sich oder nimmt sich,
was der Frühling ihm will geben.
Mancher träumt ein orgiastisch' Leben,
wo sonst vor'm Glück er feige wich.

Im Frühling schaut die Welt nicht in die Zukunft,
immer will sie nur das Jetzt,
sieht weg, wenn Sensemann sein Messer wetzt,
und hofft auf Leben durch der Götter Kunst.

FRÜHLING IV

Lichtes Himmelsblau zur Frühlingszeit
mach uns're Herzen weit.
– – –
Goldene Sonne, Königin am Firmament,
mach uns'rer Erde Winternacht ein End'!

*

Symbol der Liebe und der Schöpferkraft,
weiche Schatten; weiche Nacht;
macht Platz der lichten Majestät,
um die sich unser Leben dreht.

GEDENKEN

In Träumen, die des Schlafes Kraft beschworen,
sind uns're Toten oft zu Gast;
denn ihrer Seelen Sein wird neu geboren,
wenn liebendes Gedenken sie umfaßt.

Sieh, so wie ein Gott die Freunde leitet
endlich dann zur wunderbaren Wende,
ist's Liebe immer, die den Weg bereitet
selbst dort, wo mancher glaubte sich am Ende.

GLÜCK

Wonnen auf der Erde unter weißem Licht,
bestehen in der Aureole auch beim letzten Strafgericht!
Ist's nur ein Traum, der läutern will –
der Augenblicke hält die Seele still?

Nein, nein, es gibt ein Licht,
das Irdisches in Gottes Prismen bricht!
Drum ist's das größte Glück auf Erden,
mit jenem Licht ganz eins zu werden.

HEUTE

Heute noch grüßt frisch der Morgen,
lacht gar hell der Sonne Schein.
Drum scheuch nur fort die schlimmen Sorgen,
versuch das wirklich' Glücklichsein.

Heute winkt des Himmels Bläue
und der Vögel froher Sang',
des großen Gottes Lieb' und Treue –
auch seiner Wunder Werdegang.

Heute darfst du froh dich regen
und das Herz voll Hoffnung sein,
denn des irdisch' Schicksals wegen
läßt Gott Zufriedenheit herein.

Ob morgen dir die Sonne lacht,
kann Menschengeist wohl kaum enthüllen –
da wird sich des Tages Macht
offenbaren und enthüllen.

HOSE

ANGEBLICH IMMER HEISS GELIEBT

DOCH MEISTENS SCHNELL AUCH AUSGESIEBT

AUCH WENN SIE SAGEN: DU BIST TOLL

HAT MAN SCHNELL DIE HOSE VOLL.

INTERESSE

Rings umher weckt wohl Interesse,
was dartut sich mit Raffinesse.
Meistens ist's noch unbekannt,
was Augen bannt so unverwandt.

Weil es erkannt als Subjekt sich,
sagt's Kleinkind jetzt, zuerst bin ich.
So braucht es nun als Gegenteil
ein Objekt, das dem Aug' ist feil.

Dies Gescheh'n weckt nun Begier,
natürlich menschlich – über die Gebühr.
Haben will es nun, was es geseh'n
und koste es selbst das Versteh'n.

Lebenslang kämpft nun das *Ich*
um die Objekte ganz für sich.
Doch ist dem Menschen dieses eigen:
er mag Erreichtes nicht mehr leiden.

So richtet sein Interesse sich
auf das, was stetig von ihm wich.
Besitz und Geld wird er nun häufen,
um eben das jetzt einzukaufen.

Den toten Dingen ist's egal,
gekauften Menschen aber Qual,
wenn sich der Käufer hat geirrt
und das Interesse dann verliert.

KLEIN

Als ich ganz klein noch war, hatt' ich schon Träume,

wollt' weit hinaus in neue Räume;

wollt' schauen ob's noch and're Farben gibt, als die bekannten

und der Erde Enden seh'n, die träumend schon so früh mich
bannten.

KURZSCHLUSS

Er lebt' im Paradies, nur recht bewußt war es ihm nicht,
denn anderes – das bunter war – hatt' stets noch mehr Gewicht.
So flüchtet' – weil er meint', er sei verliebt –
in dunkler Abendstund', wohin der Unterleib ihn trieb.

Doch schon nach wenig Tagen
beginnt er leise vor sich hin zu klagen,
daß die neuen ungewohnten Stände
verwirrend sei'n und er sich selbst nicht fände.

Erleben wollte er – mehr als nur das eine Paradeis,
bis er erkannt' die Lebensweis':
„Der Bauch hat mir gesagt, es sei ein Muß,
doch weiß ich jetzt, es war ein dummer – ja – ein kurzer
Schluß!“

44

LANGEWEILE II

Wenn dich die Langeweile plagt,
sogar Humor und Sprit versagt,
dann greif' oh Mensch, erhab'nes Wesen
zum viel geschmähten Straßenbesen.

So hilfst du andern und dem feinen Mann
den schweren Lebensweg bezwingen.
Du läßt den Staat – der sonst nichts kann –
das Lied vom braven Manne singen.

LASTEN

Durch enge Wege oder Pforten mußt du geh'n,
willst wirklich du das Leben seh'n!
Was hindert dich, es jetzt zu wagen,
wo Sternenlichter gar dich tragen?

Oder zieht hinab schon das Gewicht
dieser Welt dich aus dem Licht?
All' der Erde bunte Dinge
lachen dir gleich goldner Ringe.

Wer schwer nur trägt an weltlich Lasten,
sich niemals müht auch 'mal zu rasten,
kann plötzlich stolpern über seine Habe,
anstatt daß er sich seelisch labe.

Nur bewahren, fest es halten,
erstickt, erdrückt beim rechten Walten,
zermürbt bald Seele und den Geist,
schafft Unglück auch zu allermeist.

Woanders liegt das wahre Glück.
Man sieht es nicht beim Blick zurück.
Da vorne ist's wo Zukunft lebt,
sich göttliches Erbarmen regt!

LEBEN II

Leben ist ein schwerer Kampf.
Gilt es doch darin zu bleiben,
sich zu stellen und zu zeigen,
daß man erringt den Siegeskranz.

Man lebt, um Leben zu gewinnen;
keineswegs es nicht nur zu verlieren –
oder jung in Leidenschaft zu gieren
vor Angst, die Zeit könnt' allzubald gerinnen.

Drum Kreatur leb', *dieses* zu erkennen:
„Ich lebe nicht! *ES* lebt in mir!"
Das ist Kampf im Jetzt und Hier –
und nicht dem Falschen nachzurennen.

Rochuskapelle vor 1895

LEBEN III

Ich weiß nicht, ob es besser wird,

wenn Zeiten anders werden.

Obwohl ich's weiß und wie man hört,

muß viel sich ändern hier auf Erden.

Nur dann wird 's lichter in der Zeit,

schaut Zukunft uns entgegen;

Leben fällt nicht in Vergessenheit

und Neues könnt' sich regen.

LIEBE IX

OBWOHL VON EITELKEIT GELEITET UND DURCH TRIEBE

KENNT NOCH DER MENSCH DAS WORT DER LIEBE

DRUM GIBT ES TROST UND HOFFNUNG IN DER WELT

WEIL LIEBE GRAD' UND KRUMM' ZUSAMMENHÄLT

LIEBE X

Noch kennt die Welt die Sprache auch vom Lieben,
bringt Liebesworte jeden Tag hervor, als ob sie ewig blieben.
Doch sind solch' Worte trivial
und oft verletzend animal.

Nur in still verborg'nen Ecken,
bei milder Sonn' und hinter Hecken
geraten Liebesworte rein – ja manchmal ehrlich
und bleiben so fast unentbehrlich.

Liebe ist und bleibt auf ewig absolut,
des Menschengeistes Liebesschwur ein Konvolut,
das höchstens Hinweis geben kann – vielleicht erkunden,
was Menschen einst mit Gott verbunden.

Der Mensch ist arm und elend auch,
der nur von Liebe spricht und nicht mehr glaubt,
daß Sprechen über Liebe leerer Brauch,
denn Liebe strömt allein aus Ewig-Vaters-Gotteshaupt.

LIEBE XI

LIEBE GLEICHT DER DUNKLEN ROSE,

DIE EBEN STAND GANZ TAUFRISCH NOCH IN TIEFEM ROT.

MEIN WILLE WAR, DASS ICH SIE KOSE,

DOCH BEIM NAHEN SAH ICH, DASS SIE LÄNGST SCHON WAR
VERBLÜHT.

LIEBE XII

WERDEN, SEIN UND DAS VERGEHEN

SIND POLE AUCH BEIM LIEBESEINGESTEHEN

DER IRDISCH' GEIST MUSS DAS STETS LERNEN

DENN ANDERES IST GREIFEN HIN NACH FERNEN STERNEN

LIEBE XIII

Liebe gibt es träumend nur
als Wirklichkeit im fernen Paradies,
wo liebend sie dem Freunde schwor:
‚Blieb immer dein! Auch wenn ein andrer rief.'

Liebe hat in dieser Welt kein Leben,
weil einst sie kam woanders her,
wo Wesen sich sogar vergeben
und Götterthrone steh'n nicht leer.

St. Rochus mit Winkel

JO.BÖRNER

LIEBE XIX

Liebe schlummert nur im Menschen,
wird manchmal wach, schmiegt willig sich den Wünschen.

Sicher noch im Menschenglauben
läßt jäh sie sich von neuem rauben.

Wird bald das nächste Paar im Glücke wiegen,
während zurück noch Bitternis den Traum besiegen?

LIEBE XV

Nach Liebe ist der Mensch sehr süchtig,
doch sie selbst ist maßlos flüchtig.
Und schon bald nach wenig Jahren
will Mensch dies Paradox erfragen.

Nun ist's genug! – nach leidlich' Leben
will endlich Mensch woanders schweben.

Er sucht mit wenig geistig Kräften,
vermeintlich mit moralisch' Rechten,
den Sinn des Lebens zu verklären:
will trotz Verjährung jugendlich posieren.

LIED

Ungewollt war dieser Augenblick.
Sie saß mir gegenüber.
Sie zog mich an, denn schön war sie,
bekleidet wenig nur – im samten' Fell vom Biber.

Unsere Blicke kreuzten sich,
gleich einem Störmanöver.
Der Punkt in ihren Augen meinte mich,
mein Herz stand schon kopfüber!

Denken tat ich fieberhaft,
doch's Hirn – es sträubte sich,
mein Wissen war nur mangelhaft –
was war jetzt wirklich gut für mich?

Da öffnet forsch die Türe sich.
Ein lächelnd' Herr in Seidenhemd mit Sonnenteint
schaut durch den Raum und über mich.
Da wußte ich's: Dies Lied kennt kein' Refrain!

MENSCH

Wo bleibt Mensch nach Zig-Millennien und Erde aufge-
schwemmt von Totenblut?

Wo bleibt Mensch, der träumend schaut des Morgens
Sonnenglut?

Wo bleibt Mensch, der Frieden trägt in seinem Herzen?

Wo bleibt Mensch, der liebend zündet warme Kerzen?

Er sei längst da, ist Selbstbetrug!

Bisher erbrachte Mensch nur Lug und auch nur Trug.

Mensch ist noch nicht erschienen!

Bis jetzt ließ Mensch nur Gott im Himmel sühnen.

NATUR I

Natur gehorcht natürlich den Gesetzen,

die ehern einst von Göttern so bestimmt.

In ihrem Werden und Vergehen

offenbart sich ein Geheimnis und gewinnt

den Geist, der längst es sucht;

denn tief gräbt Zeichen sie in Wald und Flur,

die niemals liest, wer meist' nur flucht.

Drum zu entziffern, sie des Geistes Seel' erkor,

die dann im Schatten der Mysterien

ergeh'n sich darf in himmlischen Delirien.

NATUR II

Der kluge Mensch hat längst erkannt,

daß seine Umwelt er verbannt.

Drum wagt er Schuld als Eingeständnis

und versagt Natur nicht sein Bekenntnis.

Doch bald erkennt der Mensch – oh, welch ein Graus,

daß ohne ihn Natur kommt aus!

Zwar könnte er sich profilieren,

– doch er weiß –

nur die Natur kann regenerieren.

NEBEL

Nebel wallt und wabert windbewegt
zwischen Bäumen, Sträuchern, über Hügel.
Er fetzt und flieht, scheint ganz erregt
und hüllt auch manchen Giebel
in grau' und nasse Wolken ein.

Jetzt zeichnet er aus innern Kräften
Zwerge, Gnomen und auch Elfen,
die fauchend greifen nach den Zaubersäften .
der feuchten Erde und ihr helfen,
zu gießen Nebel in die Täler ein.

Mit Zagen und mit Zittern im Gebein
verstecken Reh' und Igel sich.
Sie wissen nichts von jenem Sein,
der Wirklichkeit im Nebel blich.
Sie warten nur, daß doch die Sonn' bald wieder schein'.

NOVEMBER

Atmosphäre lastet wasserschwer
überall und über mir.
Es gleichen sich die Stunden
morgens – abends – unumwunden.
Sie künden melancholisch an,
daß der Sommer fest sich rann.
Milchig grau und wolkenschwanger
schaut der Tag und macht mich banger;
während Bäume sich schon Träumen geben
und leise mit dem Winde beben.
Am See ist's still nun auch geworden.
Es schweigen längst der Frösche Horden.
Sanft schaukelnd gleiten gelbe Blätter
hin zum Ufer; denn 's ist nun Novemberwetter!

PERSÖNLICHKEIT

Drei weiße Streifen auf den Schuhen,
auf der Hose ledern' Pferde vom Designer,
auf den Shirts – da müssen Krokodile ruhen.
Daß du wer bist, glaubt dir sonst keiner.

Die Haare kurz und streng gegeelt,
tiefer Blick, die Gesten hart trainiert,
natürlich auch der goldne Reif im Ohr nicht fehlt.
Nur so ist einer cool und ungeniert.

Ungestylt noch vor die Tür zu treten,
ist unerlaubt, ist out und despektierlich.
Nur in Kirchen darf man noch in alten Kleidern beten,
auf der Straße aber wär's für Freunde unerklärlich.

Freunde braucht man, um sich selbst zu finden,
und Persönlichkeit alsbald zu werden.
Frei sein, Unabhängigkeit herauszuschinden
gilt 's, um anerkannt zu sein auf Erden!

Wissen ist zu wissen, was ist in und was ist out
und fähig sein, sich anzupassen,
damit zu früh man nicht ins Leere schaut,
und naß die Freunde dich nicht stehen lassen.

Ich weiß, Ich weiß!

Nur in kritisch denkendem Affront
find'st du den Weg zu deinem Selbst.
Auf ihm scheint warm die gold'ne Sonn'.
Steig auf, damit du in dir selber schwelgst!

Rathauskapelle
Südseite

REICH

Ob einer reich ist oder arm, sind stets nur Relationen,
manch einer fühlt sich reich ganz ohne obligate Millionen.
Ein and'rer über solche Summen einst verfügte,
beim Lebensausklang lieber mit dem Himmel sich vergnügte.

*

Richtig ist, daß Reichtum und dazu gehörig Geld
ganz äußerlich schafft die gelass'ne Welt,
in der beruhigt sich bewegt,
wer manchmal schelmische Gedanken hegt.

*

Doch meistens ist es so, daß der, der Millionär
trachtet schnell zu werden Billiardär.

*

Eins nur bleibt so, wie es ist,
auch wenn ein Reicher es vergißt,
Geld macht's möglich in den Weltenraum zu laufen –
nur die Vergangenheit läßt sich nicht kaufen.

ROM II

Der Zufall war's, der dich geliebt
und deine warme Erde,
die dem Willen die Entschlußkraft gibt,
daß aus dem Geist ganz Großes werde.

Geist und Wille bleibt sich treu
in deinen hehren Mauern.
Beständigkeit und Schönheit werden neu,
wenn Feinde deine Nützlichkeit belauern.

Macht und Willen hat viel Blut vergossen
überall auf dieser Welt,
doch deine Schuld wird einst vergessen,
weil deine Schönheit auch das Dunkle sanft erhellt.

Dies gilt es zu verstehen und erkennen,
wenn uns're Augen heut' die Trümmer streifen:
sich nie in Pessimismus zu verrennen,
sondern hinter Steinen die Gestalt begreifen.

SCHLAF I

Am Abend – nach sehr langem Tag
stell' fest ich, dass ich nicht mehr mag.
Das Tagsgescheh'n gerinnt mir ins Vergessen
und – lustlos – nun soll ich noch festlich essen.

Mein Sehnsuchtsziel – entfernt nur wenig Schritte:
das warme Bett mit Schaffell in der Mitte!
Nur um zu vermeiden größ'ren Ärger,
werde ich zum Schlafensmörder.

Lieber würd' ich jetzt im Bette schlafen,
wie bei wiederkäuend' warmen Schafen.
Mein Leib klagt an, will sich regenerieren,
um morgen Tagesschrecken zu passieren.

Während ich die Toilette mürrisch noch verrichte,
denk' ich an des Traums Erlebnisdichte.
Weiß jedoch, daß ich dem Schlaf mich vorher muß ergeben,
wie in der Liebe – passiv sein – um sie zu leben.

Am Ende eines langen Tages
bleibt oft nicht mehr als wenig Vages,
das Unzufriedenheit und Frust aufstaut,
und nur der Schlaf ist 's, der auch das aufsaugt.

Drum ist es des Schlafes Einzigartigkeit,
daß er erlöst mit ehrlichster Barmherzigkeit.

St. Rochus mit Winkel

JO·BORNER

SCHLAF II

Laßt schlafen mich ihr Geister dunkler Macht!
Was kämpft ihr gegen mich im Schlaf bei tiefer Nacht?
Was habt ihr mir denn vorzuwerfen,
oder sollt ihr mein Gewissen schärfen?
Ihr stürzt den Abhang mich hinab
und drückt mich derb ins schwarze Grab,
laßt mich sogar in morschem Nachen
durstend sterben in des Meeres Rachen.

Dann wach ich auf im Schweiße badend,
torkelnd und der Kopf noch rasend.
Ich frage mich, wer ich nun bin,
und ob dies Leben macht noch Sinn.
Am Ende steht nur Hoffnung noch,
daß ich ertrage solches Joch.
Ob Gott es will im Himmel droben,
daß ich nicht nachlass' Ihn zu loben?

SEHEN

Leben wollt' ich in Äonen,
doch schwammen fort mir die bekannten Felle.
Was folgte, waren Depressionen,
ja Abstieg – als den schlimmsten aller Fälle.

So ist's in unserer Kultur;
die Möglichkeit zu freiheitlichem Leben
hat – wer es bewiesen – auf dem Konto nur.
Ihm allein sind Räume in Äonen gern gegeben.

So scheint's! doch die Äonen
geben Götter nur den Sehenden
durch Mannigfaltigkeit in viel' Millionen;
eben den zur Sonne Gehenden!

SEHNSUCHT

Dem Menschen ist's auch heut' noch eigen,
sich zu ergeh'n in Sehnsuchtsreigen.
Will heißen, daß er offen ist,
weil nur Zufriedensein gleicht tödlich Gift.

Der Utopist träumt tief vom Tod,
der Sehnsucht und dem Morgenrot.
Der Realist dagegen weiß, daß Sehnsucht niemals stirbt,
weil Unreifsein ihm diesen Tod verdirbt.

SINN

Mensch sehnt sich, seinem Leben
immerwährend' Sinn zu geben.
Drum braucht er ständig auch Ideen,
wie ein Träumer seine Feen.

Drei Ideen sind es wesentlich:
zuerst den *Gott* noch vor dem Ich,
denn der thront droben ohne Zeit.
Er leidet nicht an Sterblichkeit.

So schaut wohl Mensch nach ewigen Äonen,
um sich *Unsterblichkeit* zu holen.
Sie ist ein Ziel von großen Träumen
und jenseits selbst von irdisch' Räumen.

Zuletzt – fast wichtiger die *Freiheit,*
von Vergänglichkeit auf Erden,
die weisen muß, bis in die Ewigkeit
und Menschen so gleich Gott doch werden.

SOHN

Als er so klein noch war und ganz unschuldig,
schien er am nächsten mir von allen.
Drum wollt' ich stetig mit ihm sein geduldig –
auch wenn Zweifel sich zusammenballen.

Doch anders kam's, als ich's mir dachte.
Beim Tode seiner Mutter schon begann der Zwist.
Wohl merkt' ich bald, daß seinen Vater er verlachte,
denn man machte ihn zum Egoist.

Obwohl mein Herz war fast zu Schanden,
und meine Seele nach ihm schrie,
kam meine Liebe nie abhanden,
selbst das Fürgebet vergaß ich nie.

Heute würd' ich besser schlafen,
hätt' gar das größte Glück erseh'n,
wüßt' ich, daß er lebt mit Maßen
und sähe ihn an meinem Grabe steh'n.

SONNE

Ganz anders leuchtet heut' der Sonne Rund.

Als ob 's das letze Mal schon wäre,

schaut sie auf mich gleich einem Frauenmund,

der sagen will, daß er sich kehre

weg von mir – woanders hin!

SUBJEKT

Erst ist man *eins* mit Stuhl und Tisch,

mit Mauer, Baum und Strauch.

Dann dauert's Jahre noch, bis stur man sagt: *„Ja, das will ich!"*

oder schaut und drauf besteht: *„Und das, das will ich auch!"*

TAG

Ein Tag ist mehr als Teil nur einer Woche,
er ist zu gut, als daß in ihm man Menschen unterjoche.
Ein Tag ist mehr, als nur der Woche siebter Teil,
ist mehr, als daß man schläft und schweigend in ihm weil.

Ein Tag ist mehr als nur Minute,
die eines Monats oder Jahrs zugute
zählbar wie kalenderfähig ist –
und dunklen Nächten gegenüber helles Licht.

Ein Tag ist mehr als Worten Raum zu geben,
gar Verrat und Schrecken in die Zeit zu weben.
Er ist mehr als Datum nur zu sein
für der Historie Glorienschein.

Ein Tag ist gut, weil er es möglich macht, zu lieben.
Er ist gut, weil in ihm viele Geister sieden
Liebe, Freude, Haß und Seligkeit,
danach die Menschen streben mit Beharrlichkeit.

Ein Tag ist gut, ist einzig – unverwechselbar!
In ihm wohnt 's Jetzt und alles, was ist wandelbar.
Des Tages Augenblicke sind's, die weit ihn machen und auch
schön.
Doch wie er kommt – ganz still – muß dann er wieder geh'n.

TRAUM I

Ein Zufall war's, daß ich sie sah.
Im U-Bahn Tunnel war ich ihr begegnet.
Sie stolpert fast mir in den Arm – so nah – !
wurd' ich von ihrem Duft gesegnet.

'Entschuldigung' wollt' ich gleich sagen,
doch meine Sprache spielt' nicht mit.
Nur stammeln konnte ich und wagen
sie anzuschauen – flackernd einen Augenblick.

Dann eilt' sie fort mit festem Schritt
und wehend, buntem Schal.
Ich blick ihr nach und bleib zurück.
Pochend' Herz und hoffend auf ein nächstes Mal.

TRAUM II

Engel rauschen liebend um mich her,
doch's Herz ist kühn, es stellt sich quer.
Will lieber über Tal und Schroffen
der Lust nach Leben und in kindlich' Hoffen
sich des Daseins Vielfalt erst ergeben
und hoch hinaus davon nun schweben.

Das Leben lockt, es lacht mich an;
ich lach' zurück – bin längst im Bann
des Strudels, den man Leben heißt
und überseh' die Boten aus des Gottes Geist.
Doch bald beginn' zu straucheln ich,
versuch' zu orientieren mich.

Seh' nicht das Leben – nicht das Lachen;
ich schau nur diese dunklen Rachen,
die fletschend mir entgegen starren
und schlangengleich um mich verharren.
Wo soll ich hin – was soll ich tun,
um dieser Hölle zu entgeh'n?

Da seh' ich schwarz den Abgrund tief;
– ich wußte nicht, daß ich nur schlief –
Um nun den Rachen zu entflieh'n,
spring' ich hinab – zur Hölle wie mir schien.
Doch da – mit gold'nen Flügeln aus den Schlünden
tragen Engel mich in sanften Händen.

Hoch und höher schnell empor.
Von Fern' hört' ich des Himmel Chor.
Ich ließ mich fallen in des Traumes Trost
und fühlte, daß ein Gott mich kost.

Der Traum war's, der mich eingefangen,
so kam's, daß Wahrheit konnte mich erlangen.
Im Traum seh' ich ein göttlich' Haupt,
gleich einem, der an Liebe glaubt.

TRENNUNG

Nun ist er da – der Augenblick,
den ich so maßlos bang gefürchtet.
Hoffnungsvoll begann das kleine Glück,
bis er doch der Stille jetzt geflüchtet.

Hab' pädagogisch ich versagt,
war falsch, daß ich nur wartend schwieg?
Erkannt hatt' ich, daß er in hohem Maße war begabt,
weshalb ich fördern wollte ihn, der mir so lieb.

Doch packt bei Nacht und Nebel eilig er die Sachen,
während schweigend wir uns in die Augen seh'n.
Ich wußt', daß Illusionen ich mir nie durft' machen.
Ich hatt' geglaubt – doch sollt' die Hoffnung von mir geh'n!

Das alles tut nun doch sehr weh,
denn ich durch ihn noch einmal leben wollte.
Lang' ahnte ich es schon, es wird gescheh'n,
weil durchsetzt sich die Pubertätsrevolte.

Er und ich – es hätt' Vision uns tragen müssen!
Doch dürfen nun der Zukunft Geister uns're Seelen küssen.

UNERKANNT

Von allen guten Geistern längst verlassen

schleicht einsam er durch dunkle Gassen

und denkt – *einen Fehler macht das Land:*

daß niemand sein Genie erkannt'!

VERLEGT

Der Führerschein treibt oft zur Hatz,
wenn man ihn sucht am falschen Platz.
Mal liegt er hier – und selten dort –
nur nicht am vorbestimmten Ort.
Zumeist erwischt man ihn erst dann,
wenn's Ehedrama längst begann.

So haben kleine Dinge Tücken,
meist just zur Unzeit zu beglücken.
Drum wisse, deine Zeit zum Suchen
schon vorher richtig abzubuchen.
Wenn Wut und Zorn auch nach dir fassen,
bleib' ruhig, still und stets gelassen.

WACHSAM

Elfter-Neunter-Zwei, zweimal null und nochmal eins
veränder' jäh die Welt,
der Menschen Leben und auch mein's.
Nichts ist mehr wie es war – auch kein Versprechen hält.

Krieg tobt schon seit Menschen denken,
schuf Helden und verbrannte Erde.
Krieg ist *heut'*, wo Führer lenken
und Menschen hoffen, daß bald Frieden werde.

Krieg ist *morgen* – Tod wird sein.
Friedenshoffnung weicht Zerstörung;
was gut ist, bleibt wohl niemals rein,
auch wenn mancher pflegt Empörung.

Anders ist – die Feinde haben kein Visier.
Wer lebt, hat Angst – verstümmelt so die Seele.
Wer tot ist, fault und eignet nicht mehr für's Pläsier.
Man sagt, daß dem das Bleibende ja fehle.

Ganz anders jetzt verrinnt bewußter selbst die Zeit,
und Traurigkeit bestimmt die Kunst.
Dem Leben ist die Reife fern – ganz weit,
trotzdem – noch wartet Gott in sel'ger Gunst.

Er sitzt dort auf dem höher'n Thron,
den Engel Liebe nennen.
Der Menschen Sein vergeht mit Hohn,
wenn sie den Thronenden nicht kennen.

Zukunft könnte Lebenssinn gewinnen!
Selbst wenn scharfe Todesdüfte wehen
und Leichen kauern unter weißen Linnen,
müssen Schritte *wachsam* still auf Gott zugehen.

WASSER

Nasse Spuren bleiben, wenn es fließt,
es schäumt und spritzt sobald's den Hang hinunterschießt.
Berührt's dabei ein Sonnenlachen,
sieht man sich's Farben, wie im Prisma machen.
Manchmal ist es blau und manchmal grün,
wenn Wasser in die Meere ziehn.
Sichtbar ist's bei Tageslicht,
sobald sich's in den Fluten bricht.
Und saugt die warme Luft es ein,
wird Wasser unsichtbares Sein.
Wird's kalt und frostig weiß,
gefriert aus Wasser blankes Eis,
Regen kondensiert zu Hagel oder Schnee.
Dem Kind zur Freude, doch dem Alten tun die Glieder weh.
Auf Seen, Meeren, Tümpeln, Pfützen
sieht man der Oberflächen Spiegel blitzen.

*

Am Ufer schau dein Antlitz mit Genuß
und fühl' dich, wie einst Ödipus!

*

Der Wand'rer sucht im Bach sich zu erfrischen,

während fern das Wasser muß ein Feuer löschen.

Schmutziges wird sauber weiter drunten,

sogar die Menschen tun hinein sich tunken.

Wasser kochend, zaubert Hartes weich,

Weiches hart und manchmal bleich.

Wasser macht die Wüste grün,

läßt herrlichst' bunte Pracht erblüh'n.

Masten hinter ozeanisch' Horizonten hoch aufragen;

Schiffe sind's, die Frachten zu der Erde Enden tragen.

Zwischen Kiel und Meeresboden

wissen Schiffer Wal und Fische toben.

*

Daß Wasser *ist* und *schenkt* das Leben,

ließ Forschergeist vor Ehrfurcht beben,

als sie zur hohen Kenntnis nahmen,

wie atome Elemente einst zu Leben kamen.

*

Wenn Sturm und Wind und Wasser sich verbinden,

mit göttlicher Gewalt in tosende Orkane münden,

steht der Mensch nur hilflos da und schaut,

daß Wogen niederreißen, was er mit Mühe auferbaut.

*

Natur und Elemente lassen nie sich bannen von des Menschen
Hand,

drum lebt nur wohl, wer seine Ohnmacht auch hat anerkannt!

WORTE

Worte sind Kristalle und Magie.
Ein böses Wort vergessen Menschen nie.
Doch manch' Wort zum Vergeben führt
und Trost erweckend Herzen rührt.

Worte können Kinder schrecken
und – schlimm genug – auch Mächte wecken,
die in fürchterlichen Dimensionen
Menschen töten in Millionen.

Worte können Menschen wandeln,
daß sie entscheiden nun zu handeln
zum Guten oder zum Entsetzen,
wenn sie einander fehl einschätzen.

Worte lassen Liebe Sprache werden,
so daß Himmel weilen hier auf Erden.
Einst weckten sie gar Tote auf
und führten zu der Götter Haus.

Drum merke stets, ein falsches Wort
gesprochen schnell am falschen Ort
entzaubert Menschen, Liebe, Sein
und führt auch Völker tief in Pein!

ZEITGEIST

Ganz irritiert blickt man umher
und denkt, man kennt die Welt nicht mehr.
Fortbewegungsmittel werden stetig schneller,
weil nur *Beschleunigung* macht Leben noch reeller.
Im komprimiert Erleben wird gar die Minute lang,
verhindert so Verpassungsangst.

Nach langem Tag sucht man doch Wohlbehagen?
Weit gefehlt – erst hat *Fitness* noch das Sagen!
Leben sei, den Körper hoch zum *Body fit* zu stylen,
dann könnte Jungsein länger noch verweilen.
Schöne *Bodys* darf man aber nicht berühren;
zum Zeigen sind sie da – nicht um sich zu verlieren.

Man denkt: Das Leben müsse ernst genommen werden.
Falsch! – Heute heißt es, *Spaß* muß sein auf Erden.
Denkt man in Polaren, bleibt außer *Fun* nur noch der *Frust*,
und den gilt 's auszuwechseln schnell durch Lust.
Von Wichtigkeit sind *Happening* und *Spaßkultur,*
damit Leben Sinn hat und Statur.

Wer pekuniäre Ziele bald erreicht,
steht in *Erfolg,* wofür er einem glücklich' Menschen gleicht.
Mißerfolg als Gegenüber soll nicht sein,
Hans im Glück muß machen sich gemein.
Erfolg – auf Lebenszeit geseh'n – ist stets nur flüchtig,
wird inszeniert und macht meist' süchtig.

Stabilität hieß einmal eine Tugend.
So lehrte man es einst die Jugend.
Doch heute ist solch' Tugend überholt.
Man muß *flexibel* sein, die Welt nun johlt.
Wer bin -, wohin gehöre ich? – Die Fragen sind passée.
Geborgenheit gibt's später in der Psychatrie!

Einst ging zum Bäcker, wer dort Brot wollt' kaufen.
Heut' kauft man Brot, wo *heiße Events* laufen.
Will man dem *Eventmanagement* es glauben,
erhalten Shampoo nur, die Reisen in die Wüste sich erlauben.
Nicht weil der Körper etwas braucht, kauft man heut' ein;
durch *Event's* will der Leib befriedigt sein.

Überall betont man *Individualität:*
,Bleib du selbst, sei anders!', man heut' rät.
Gut ist's endlich mal man *selbst zu werden*
und nicht *vermassen* müssen unter Schergen.
Doch bei aller Lust auf *Wirklichkeit,*
wirklich ist auch Sterblichkeit.

Modern, ja *allerneu* muß alles sein!
Man köpft das Alte, stopft es in den kalten Schrein.
Bewährtes weicht durch rücksichtslosen Tritt.
Was kommt, was bleibt, lobt man als richt'gen Schritt.
Mag sein, daß das zunächst bringt vielerlei; –
Ob man bedacht, daß *Neues* immer *letzter* Schrei?

„Wieviel bin ich wohl heute *wert?*",
fragt Mensch den *Markt,* sonst er verliert.
Markt und *Wert* sind *Fortschritt,* aber 'rückgewandt,
so hat's ein letzter Philosoph erkannt.
War einst der Mensch noch Gottes Bild,
jetzt ist er Sklave auf des *Marktes Schild.*

Nicht mehr draußen, *endlich drin!,*
heißt online sein – des Lebens neuer Sinn!
E-mail, homepage, Bit und *Byte*
bedeuten Überlebensfähigkeit.
Der junge Mensch *surft* deshalb unbedingt,
der ält're tut's gelassen – eher nur bedingt.

Zuletzt und endlich zu vermerken ist,
daß *Mobilität* die nöt'ge Ruhe frißt.
Immer schneller geht's nach weiter'n Orten,
doch bleiben unbekannt der Bäume Sorten.
Beim Jagen unentwegt nach neuen Spuren
vergessen Menschen Gottes Uhren.